EM 2024 Erlebnisbuch - Das Mitmach-Buch zur Fußball Europameisterschaft

LogikLichter

Hallo und herzlich willkommen zum größten Fußballfest des Jahres - der EM 2024! Mit diesem Buch wirst du nicht nur zuschauen, sondern mittendrin sein und selbst Teil der spannenden Fußball-Europameisterschaft werden.

„EM 2024 Erlebnisbuch - Das Mitmach-Buch zur Fußball Europameisterschaft für Kinder“ ist dein perfekter Begleiter, um das Turnier zu erleben. Auf jeder Seite dieses Buches wirst du etwas Neues entdecken und kannst sogar deine eigenen Gedanken und Ergebnisse zu den Spielen aufschreiben.

Deine Reise startet mit einer Erkundungstour durch die tollen Fußballstadien in Deutschland, wo die besten Teams aus ganz Europa gegeneinander antreten. Du wirst mehr über die Mannschaften erfahren und kannst auf deinem eigenen Spielplan die Ergebnisse festhalten.

Nach jedem Spieltag gibt es spannende Fragen, die du beantworten kannst. So kannst du dir deine eigenen Gedanken zu den Spielen machen und festhalten, was dir besonders gut gefallen hat oder was dich überrascht hat.

Außerdem gibt es jeden Tag coole Rätsel und lustige Fußballfakten, die dir zeigen, wie spannend Fußball sein kann. Von kniffligen Worträtseln bis hin zu spannenden Quizfragen - es gibt jeden Tag etwas Neues zu entdecken und zu lernen.
Bist du bereit, deine EM zu starten? Dann schnapp dir einen Stift, schlag die erste Seite auf und leg los.

Dein eigenes EM-Abenteuer wartet auf dich!

Inhalt

Stadien

OlympiastadionBerlin

Von Rebecca Leisten www.rebecca-leisten.de - Eigenes Werk, CC BY-SA 4.0, https://commons.wikimedia.org/w/index.php?curid=51963059

Das Olympiastadion in Berlin, mit einer Kapazität von 70.033 Zuschauern, ist ein Ort reicher Geschichte und großer Fußballmomente. Erbaut für die Olympischen Spiele 1936, hat dieses Stadion das WM-Finale 2006 erlebt. Heimatverein ist Hertha BSC, und das Stadion gilt als eine der wichtigsten sportlichen Arenen Deutschlands.

Stadien

Stadion Dortmund

Von Arne Müseler / www.arne-mueseler.com, CC BY-SA 3.0 de,
https://commons.wikimedia.org/w/index.php?curid=85465522

Borussia Dortmunds Heimstätte bietet Platz für 61.524 internationale Besucher. Berühmt für die "Gelbe Wand", die größte Stehplatztribüne Europas, ist das Stadion seit seiner Eröffnung 1974 ein Symbol für leidenschaftlichen Fußball und beeindruckende Atmosphäre.

Stadien

Düsseldorf Arena

Von Peter Weihs - https://www.duesseldorf-tourismus.de/attraktionen/merkur-spiel-arena-6e20c61937, CC BY-SA 4.0, https://commons.wikimedia.org/w/index.php?curid=126483192

Die Heimarena von Fortuna Düsseldorf fasst 46.264 Zuschauer. Eröffnet im Jahr 2005, ist dieses Stadion das kleinste der EURO 2024, besticht aber durch sein modernes Design und ein verschließbares Dach, das vielseitige Veranstaltungsmöglichkeiten bietet.

Waldstadion Frankfurt

Von Arne Müseler / www.arne-mueseler.com, CC BY-SA 3.0 de, https://commons.wikimedia.org/w/index.php?curid=116955604

In Frankfurt am Main befindet sich das Waldstadion, die Heimat von Eintracht Frankfurt, mit einer Kapazität von 48.057 Zuschauern. Ursprünglich 1925 erbaut, hat das Stadion eine reiche Geschichte, einschließlich der Austragung von EM- und WM-Spielen.

Auf-Schalke-Arena

Von Walter Koch - Eigenes Werk, CC BY-SA 4.0, https://commons.wikimedia.org/w/index.php?curid=77363679

Die Auf-Schalke-Arena in Gelsenkirchen, das Zuhause von Schalke 04, kann 49.471 Besucher aufnehmen. Eröffnet im Jahr 2001, ist es bekannt für sein einfahrbares Dach und Fußballfeld, was es zu einer der modernsten Arenen Europas macht.

Stadien

Volksparkstadion Hamburg

Von Foto: Reinhard Kraasch, Lizenz: CC-BY-SA 4.0 DE, CC BY-SA 4.0, https://commons.wikimedia.org/w/index.php?curid=11441700

Das Volksparkstadion in Hamburg, die Heimat des Hamburger SV, ist eine beeindruckende Arena mit einer Kapazität für 50.215 Zuschauer. Eröffnet im Jahr 1953, erlebte das Stadion 1998 eine umfassende Modernisierung. Es hat bereits Spiele der Europameisterschaft 1988 sowie der Weltmeisterschaften 1974 und 2006 beherbergt.

Stadien

Stadion Köln

Von © Raimond Spekking / CC BY-SA 4.0 (via Wikimedia Commons), CC BY-SA 4.0, https://commons.wikimedia.org/w/index.php?curid=89386644

Das Kölner Stadion zählt mit einer Kapazität von etwa 46.000 Zuschauern zu den kleineren Stadien bei der EM 2024. Es wurde eigens für die WM 2006 erbaut und fungiert seit 2010 als Austragungsort der DFB-Pokal-Endspiele der Frauen.

Stadien

Stadion Leipzig

Von Arne Müseler / www.arne-mueseler.com, CC BY-SA 3.0 de, https://commons.wikimedia.org/w/index.php?curid=11767479

Das Stadion in Leipzig, mit einer Kapazität von 46.635 Zuschauern, ist ein beeindruckendes Beispiel moderner Stadionarchitektur, erbaut innerhalb des historischen Walls des alten Zentralstadions. Als Heimstätte von RB Leipzig, kombiniert die Arena die historische Bedeutung des alten Stadions mit innovativer Bauweise.

Stadien

Fußball Arena München

Mit einer Kapazität von 66.026 ist die Arena in München, Heimat des FC Bayern München, eine der modernsten Fußballarenen der Welt. Bekannt für ihre beeindruckende, farbwechselnde Fassade, ist sie ein wahrer Blickfang und Symbol für fortschrittliche Stadionarchitektur.

Stadien

Arena Stuttgart

Von Arne Müseler / www.arne-mueseler.com, CC BY-SA 3.0 de, https://commons.wikimedia.org/w/index.php?curid=118286652

Die Arena in Stuttgart, die 50.998 Zuschauer beherbergen kann, ist die Heimat des VfB Stuttgart. Ursprünglich 1933 erbaut, wurde das Stadion für die WM 2006 umfassend modernisiert und vereint historische Bedeutung mit modernem Komfort.

Gruppen

Gruppe A

Deutschland

Schottland

Ungarn

Schweiz

Gruppe A

Deutschland, als dreimaliger Europameister, trifft auf Schottland, Ungarn und die Schweiz. Schottland und Ungarn zeigen Beständigkeit mit mehreren Teilnahmen, haben aber begrenzte Erfolge erzielt. Die Schweiz, regelmäßiger Teilnehmer, sucht nach einem Durchbruch über das Achtelfinale hinaus.

Gruppen

Gruppe B

Spanien

Kroatien

Italien

Albanien

Gruppen

Gruppe B

Spanien, dreimaliger Europameister, konkurriert mit Kroatien, Italien und Albanien. Kroatien, stets ein starker Wettbewerber, und Italien, Europameister von 1968, sind etablierte Teams. Albanien, mit begrenzter EM-Erfahrung, wird auf eine Überraschung hoffen.

Gruppen

Gruppe C

Slowenien

Dänemark

Serbien

England

Gruppen

Gruppe C

In dieser Gruppe treffen Slowenien, Dänemark, Serbien und England aufeinander. Dänemark, Europameister von 1992, und England, Halbfinalist, sind die Favoriten. Slowenien und Serbien, mit weniger EM-Erfahrung, könnten jedoch für Überraschungen sorgen.

Gruppen

Gruppe D

Sieger Play Off A

Niederlande

Österreich

Frankreich

Gruppe D

Diese Gruppe kombiniert den Playoff A-Sieger mit den Niederlanden, Österreich und Frankreich. Die Niederlande, Europameister 1988, und Frankreich, zweimaliger Europameister, sind die prominenten Teams, während Österreich nach mehr als Vorrunden-Erfolgen strebt.

Gruppen

Gruppe E

Belgien

Slowakei

Rumänien

Sieger Play Off B

Gruppe E

Belgien, Slowakei und Rumänien, sowie der Playoff B-Sieger bilden Gruppe E. Belgien, mit Finaleinzug, und die Slowakei, bekannt für das Erreichen des Achtelfinales, treffen auf das konstante Team Rumäniens.

Gruppen

Gruppe F

Türkei

Sieger Play Off C

Portugal

Tschechien

Gruppe F

Die Türkei, Portugal, der Playoff C-Sieger und Tschechien sind in Gruppe F. Portugal, Europameister 2016, und Tschechien, Europameister 1976 (als Tschechoslowakei), sind die herausragenden Teams, während die Türkei auf ein starkes Abschneiden hofft.

GRUPPENPHASE
SPIELTAG 1
FREITAG 14.06.2024

DEUTSCHLAND VS SCHOTTLAND

5 : 1

Fr, 14.06.2024 – 21:00 Uhr
Gruppe A, München

SPIELTAG 1
14.06.

WO UND MIT WEM HAST DU DIR DAS SPIEL ANGESCHAUT?

zuHause mit meiner Famile

WELCHES WAR DIE ENTSCHEIDENDE SZENE IM SPIEL UND WARUM?

REKORD DES TAGES

Deutschland hat mit 53 Spielen die meisten EM-Spiele absolviert. Das ist eine ganze Menge Fußball!

14.06.

RÄTSEL DES TAGES
SCHIESS DAS TOR!

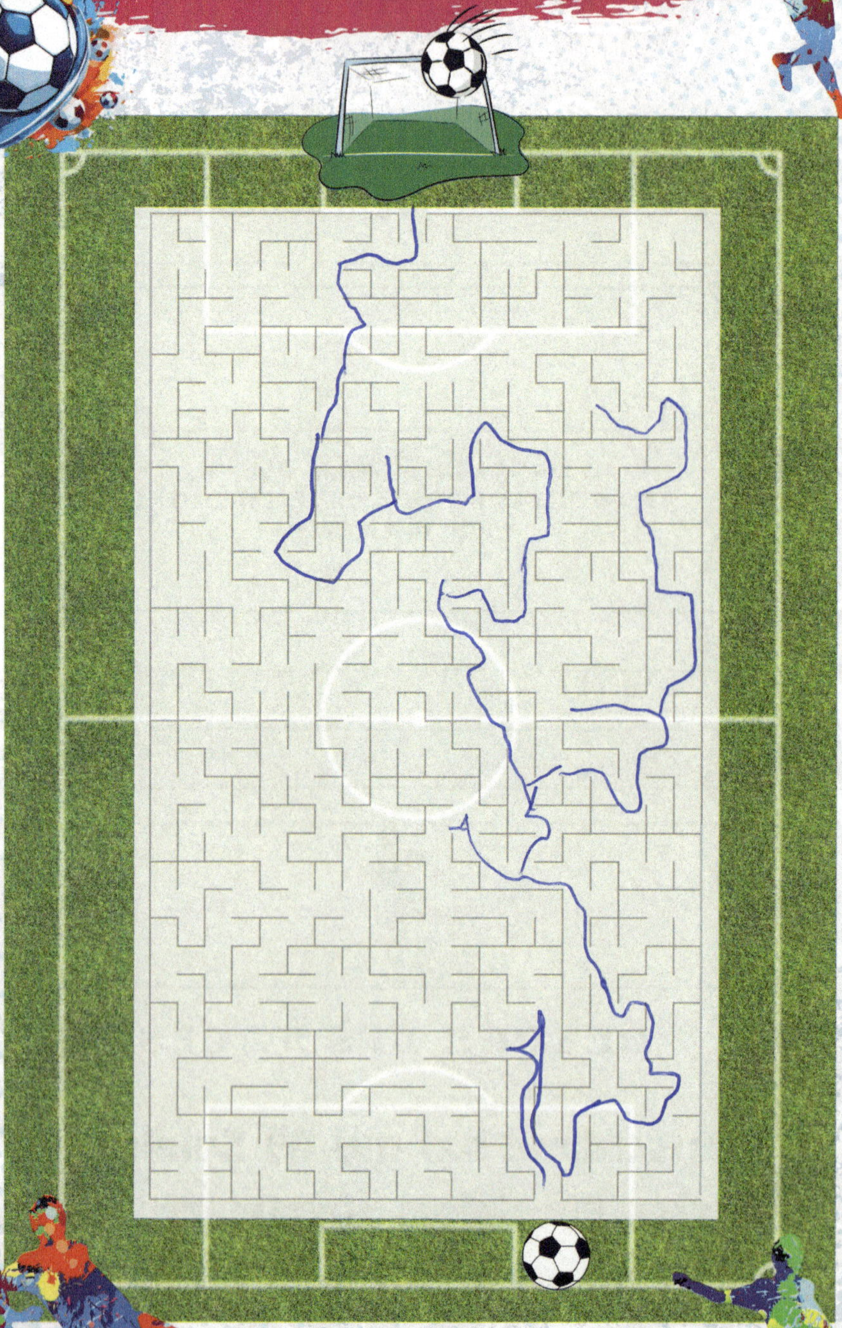

GRUPPENPHASE
SPIELTAG 1
SAMSTAG 15.06.2024

UNGARN **VS** SCHWEIZ

1 : 3

Sa, 15.06.2024 – 15:00 Uhr
Gruppe A, Köln

SPANIEN **VS** KROATIEN

3 : 0

Sa, 15.06.2024 – 18:00 Uhr
Gruppe B, Berlin

ITALIEN **VS** ALBANIEN

2 : 1

Sa, 15.06.2024 – 21:00 Uhr
Gruppe B, Dortmund

SPIELTAG 1
15.06.

WO UND MIT WEM HAST DU DIR DAS SPIEL / DIE SPIELE ANGESCHAUT?

Kein

WELCHER SPIELER IST DIR BESONDERS AUFGEFALLEN UND WARUM?

Kein

REKORD DES TAGES

Kennst du Kacper Kozłowski? Er wurde mit 17 Jahren und 246 Tagen der jüngste Spieler bei einer EM!

15.06.

RÄTSEL DES TAGES
FINDE DIE FUSSBALLBEGRIFFE

V	H	U	E	Z	E	N	G	L	A	N	D	Y	M	E	W	O
Y	P	R	S	S	K	Z	T	H	O	M	S	K	F	F	E	B
I	K	N	I	E	D	E	R	L	A	N	D	E	U	R	A	X
X	D	A	E	N	E	M	A	R	K	O	G	Y	B	A	X	A
T	N	Q	J	N	U	Y	I	I	T	A	L	I	E	N	A	F
S	U	P	Y	A	T	W	G	Y	O	S	Z	M	L	K	U	L
C	N	O	L	G	S	B	R	R	V	P	U	R	G	R	Y	A
H	G	R	I	E	C	H	E	N	L	A	N	D	I	E	U	S
E	Q	T	D	L	H	L	S	J	J	N	Z	N	E	I	D	X
C	D	U	O	S	L	Y	Q	W	Y	I	Y	N	N	C	B	Q
H	W	G	F	M	A	S	C	H	W	E	I	Z	E	H	R	X
I	X	A	R	A	N	O	J	T	O	N	H	A	T	Y	Z	B
E	X	L	H	N	D	T	U	S	H	R	E	L	T	B	Y	S
N	O	R	O	N	A	L	D	O	H	Y	M	N	E	W	M	Q
L	Y	E	E	E	K	B	Z	B	P	M	H	F	M	P	E	Q
E	S	D	Z	J	M	N	X	R	Q	U	R	B	A	L	Y	P
A	G	C	V	O	Y	L	G	T	T	I	V	E	B	T	W	Y

Hymne
Spanien
Italien
Portugal
Daenemark

Nagelsmann
Deutschland
Niederlande
Belgien
Griechenland

Ronaldo
Frankreich
England
Tschechien
Schweiz

GRUPPENPHASE
SPIELTAG 1
SONNTAG 16.06.2024

SIEGER PLAY OFF A VS **SCHWEIZ**

__ : __

So, 16.06.2024 – 15:00 Uhr
Gruppe D, Hamburg

SLOWENIEN VS **DÄNEMARK**

1 : 1

So, 16.06.2024 – 18:00 Uhr
Gruppe C, Stuttgart

SERBIEN VS **ENGLAND**

__ : __

16.06.2024 – 21:00 Uhr
Gruppe C, Gelsenkirchen

SPIELTAG 1
16.06.

WO UND MIT WEM HAST DU DIR DAS SPIEL / DIE SPIELE ANGESCHAUT?

STELL DIR VOR, DU BIST EIN KOMMENTATOR: WIE WÜRDEST DU DAS SPANNENDSTE SPIEL DES TAGES BESCHREIBEN?

REKORD DES TAGES

Gábor Király, der Torhüter aus Ungarn, hält den Rekord als ältester Spieler bei einer EM - er war 40 Jahre und 86 Tage alt.

16.06.

RÄTSEL DES TAGES
FINDE DIE FUSSBALLBEGRIFFE

Across
1. Regel die bestimmt wann ein Spieler im gegnerischen Feld zu frueh steht
2. Spieler der das Tor verteidigt
3. Wird ausgefuehrt wenn der Ball ueber die Torauslinie geht
8. Langer Ball von der Seite in den Strafraum

Down
4. Beginn oder Wiederaufnahme des Spiels
5. Strafstoss vom Punkt
6. Ballfuehrung gegen Gegenspieler
7. Ballspiel mit dem Kopf
9. Spielzone zwischen Verteidigung und Angriff

GRUPPENPHASE
SPIELTAG 1
MONTAG 17.06.2024

RUMÄNIEN VS SIEGER PLAY OFF B

__ : __

Mo, 17.06.2024 – 15:00 Uhr
Gruppe E, München

BELGIEN VS SLOWAKEI

__ : __

Mo, 17.06.2024 – 18:00 Uhr
Gruppe E, Frankfurt

ÖSTERREICH VS FRANKREICH

__ : __

Mo, 17.06.2024 – 21:00 Uhr
Gruppe D, Düsseldorf

SPIELTAG 1
17.06.

WO UND MIT WEM HAST DU DIR DAS SPIEL / DIE SPIELE ANGESCHAUT?

WER HAT DEIN PERSÖNLICHES TOR DES TAGES GESCHOSSEN?

REKORD DES TAGES

Gábor Király, der Torhüter aus Ungarn, hält den Rekord als ältester Spieler bei einer EM – er war 40 Jahre und 86 Tage alt.

17.06.

RÄTSEL DES TAGES
ZU WELCHEN LÄNDERN GEHÖREN DIE FLAGGEN?

GRUPPENPHASE
SPIELTAG 1
DIENSTAG 18.06.2024

TÜRKEI vs SIEGER PLAY OFF C

__ : __

Di, 18.06.2024 – 18:00 Uhr
Gruppe F, Dortmund

PORTUGAL vs TSCHECHIEN

__ : __

Di, 18.06.2024 – 21:00 Uhr
Gruppe F, Leipzig

SPIELTAG 1
18.06.

WO UND MIT WEM HAST DU DIR DAS SPIEL / DIE SPIELE ANGESCHAUT?

WELCHES TEAM HATTE DIE BESSERE STRATEGIE, UND WAS WÜRDEST DU ALS TRAINER ANDERS MACHEN?

REKORD DES TAGES

Deutschland hat mit insgesamt 27 gewonnenen EM-Spielen die meisten Siege bei Europameisterschaften erzielt.

18.06.

RÄTSEL DES TAGES

WELCHER SPIELER SCHIESST DAS TOR?

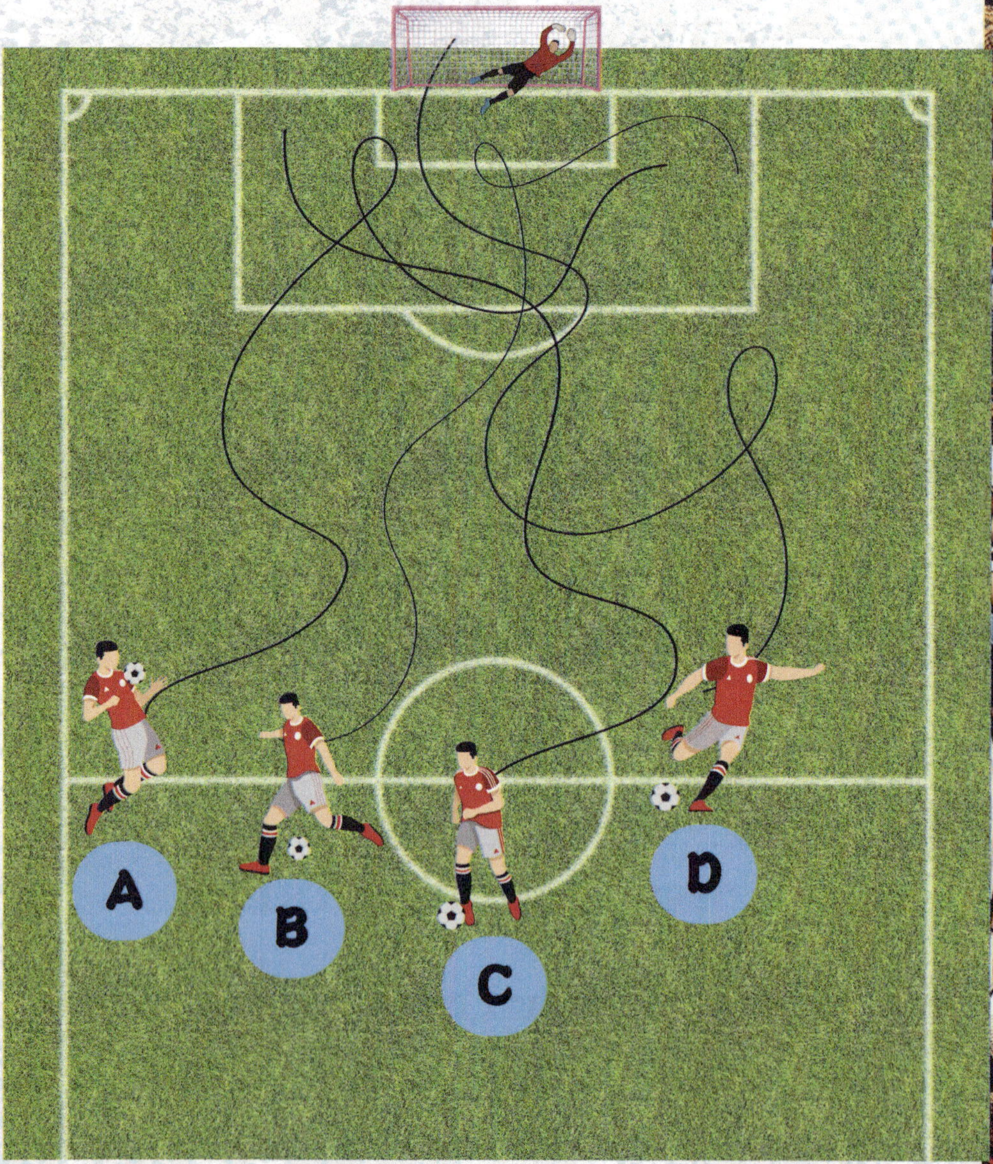

GRUPPENPHASE
SPIELTAG 2
MITTWOCH 19.06.2024

KROATIEN VS **ALBANIEN**

[ ] : [ ]

Mi, 19.06.2024 – 15:00 Uhr
Gruppe B, Hamburg

DEUTSCHLAND VS **UNGARN**

[ ] : [ ]

Mi, 19.06.2024 – 18:00 Uhr
Gruppe A, Stuttgart

SCHOTTLAND VS **SCHWEIZ**

[ ] : [ ]

Mi, 19.06.2024 – 21:00 Uhr
Gruppe A, Köln

SPIELTAG 2
19.06.

WO UND MIT WEM HAST DU DIR DAS SPIEL / DIE SPIELE ANGESCHAUT?

GAB ES EIN ERGEBNIS ODER EINE SPIELSITUATION, DIE GANZ ANDERS WAR, ALS DU ERWARTET HAST?

REKORD DES TAGES

Der höchste Sieg bei einer EM war ein 6:1 - die Niederlande gegen Jugoslawien im Jahr 2000.

19.06.

RÄTSEL DES TAGES
WAS SCHÄTZT DU?

Wie viele Länder haben seit Beginn der Fußball-Europameisterschaft mindestens einmal teilgenommen?

Wie viele Zuschauer fasst das größte Stadion, das jemals ein EM-Spiel ausgerichtet hat?

Wie viele Tore wurden insgesamt bei der Europameisterschaft 2016 erzielt?

Wie viele Bälle wurden bei der EM 2016 offiziell eingesetzt?

GRUPPENPHASE
SPIELTAG 2
DONNERSTAG 20.06.2024

SLOWENIEN VS SERBIEN

:

Do, 20.06.2024 – 15:00 Uhr
Gruppe C, München

DÄNEMARK VS ENGLAND

:

Do, 20.06.2024 – 18:00 Uhr
Gruppe C, Frankfurt

SPANIEN VS ITALIEN

:

Do, 20.06.2024 – 21:00 Uhr
Gruppe B, Gelsenkirchen

SPIELTAG 2
20.06.

WO UND MIT WEM HAST DU DIR DAS SPIEL / DIE SPIELE ANGESCHAUT?

S WAR DEIN PERSÖNLICHES HIGHLIGHT DES TAGES, ABSEITS DER TORE UND SPIELZÜGE?

REKORD DES TAGES

Deutschland war sechsmal im EM-Finale, mehr als jedes andere Team.

20.06.

RÄTSEL DES TAGES

FINDE DIE FUSSBALLBEGRIFFE

P	M	Y	S	O	O	F	H	T	R	I	B	U	E	N	E	Q	G
N	S	A	I	R	S	I	E	G	T	O	R	S	H	I	F	X	O
N	T	U	W	V	K	W	S	J	W	S	S	X	L	T	C	A	J
I	R	Y	X	E	B	V	D	U	I	P	P	J	U	B	E	L	M
E	A	J	U	R	D	D	A	N	F	E	U	E	R	N	N	C	L
D	F	M	F	L	D	Q	D	Y	J	I	B	W	F	F	T	S	E
E	S	D	F	A	N	B	L	O	C	K	Z	I	W	R	T	R	A
R	T	U	N	E	N	T	S	C	H	I	E	D	E	N	A	D	H
L	O	H	Q	N	W	Y	T	N	W	K	P	R	F	I	E	L	P
A	S	I	E	G	E	S	F	E	I	E	R	Q	Q	W	U	X	O
G	S	X	L	E	M	C	E	R	G	A	A	G	G	N	S	Z	O
E	I	V	B	R	R	H	F	Y	E	W	I	T	K	K	C	D	H
F	C	O	F	U	F	A	D	U	S	T	R	L	J	G	H	N	Q
G	V	G	V	N	R	L	P	F	A	H	N	E	N	H	U	F	V
Z	W	A	A	G	Y	S	P	S	E	J	W	W	C	Q	N	O	Q
A	U	F	S	T	E	L	L	U	N	G	V	K	P	J	G	N	N
L	J	F	M	N	J	V	S	S	G	N	B	T	L	M	I	I	S
Y	W	G	P	O	V	O	J	G	E	L	V	O	O	U	M	Z	E

Tribuene
Gesaenge
Jubel
Niederlage
Strafstoss

Fanblock
Fahnen
Enttaeuschung
Unentschieden
Siegtor

Anfeuern
Schals
Siegesfeier
Verlaengerung
Aufstellung

GRUPPENPHASE SPIELTAG 2

FREITAG 21.06.2024

SLOWAKEI VS SIEGER PLAY OFF B

:

Fr, 21.06.2024 – 15:00 Uhr
Gruppe E, Düsseldorf

SIEGER PLAY OFF A VS ÖSTERREICH

:

Fr, 21.06.2024 – 18:00 Uhr
Gruppe D, Berlin

NIEDERLANDE VS FRANKREICH

:

Fr, 21.06.2024 – 21:00 Uhr
Gruppe D, Leipzig

SPIELTAG 2
21.06.

WO UND MIT WEM HAST DU DIR DAS SPIEL / DIE SPIELE ANGESCHAUT?

WER WAR DEINER MEINUNG NACH DER KREATIVSTE SPIELER AUF DEM FELD?

REKORD DES TAGES

Bei der EM 2021 gab es 11 Eigentore, mehr als in allen Turnieren zuvor zusammen.

21.06.

RÄTSEL DES TAGES

QUIZ

QUIZ TIME!!!!

In welchem Jahr fand die erste Fußball-Europameisterschaft statt?

- 1954
- 1960
- 1968
- 1972

Welches Land hat die meisten EM-Titel gewonnen?

- Deutschland
- Ungarn
- Portugal
- England

Wie viele Teams nahmen ursprünglich an der EM teil?

- 4
- 8
- 12
- 16

Wie viele Male hat England die EM gewonnen?

- Nie
- 1 Mal
- 2 Mal
- 3 Mal

GRUPPENPHASE
SPIELTAG 2
SAMSTAG 22.06.2024

 VS 

SIEGER PLAY OFF C — TSCHECHIEN

:

Sa, 22.06.2024 – 15:00 Uhr
Gruppe F, Hamburg

 VS 

TÜRKEI — PORTUGAL

:

Sa, 22.06.2024 – 18:00 Uhr
Gruppe F, Dortmund

 VS 

BELGIEN — RUMÄNIEN

:

Sa, 22.06.2024 – 21:00 Uhr
Gruppe E, Köln

SPIELTAG 2
22.06.

WO UND MIT WEM HAST DU DIR DAS SPIEL / DIE SPIELE ANGESCHAUT?

WELCHE VORHERSAGEN FÜR DAS SPIEL WURDEN KOMPLETT AUF DEN KOPF GESTELLT?

REKORD DES TAGES

Cristiano Ronaldo ist der erste Spieler mit Toren in 5 verschiedenen EM-Turnieren: er erzielte in den Jahren 2004, 2008, 2012, 2016 und 2021 Tore.

22.06.

RÄTSEL DES TAGES
KREUZWORTRÄTSEL

Across
1. Ort an dem ein Fussballspiel ausgetragen wird
3. Versuch ein Tor zu erzielen
6. Regelverstoss
7. Linie am Tor
8. Begrenzungslinie des Spielfelds

Down
2. Uebergabe des Balls zwischen Spielern
4. Spielplatz fuer Fussball
5. Wechsel eines Spielers
9. Grosses Fussballturnier in Europa
10. Prozess um sich fuer ein Turnier zu qualifiziere

GRUPPENPHASE
SPIELTAG 3
SONNTAG 23.06.2024

SCHWEIZ VS DEUTSCHLAND

So, 23.06.2024 – 21:00 Uhr
Gruppe A, Frankfurt

SCHOTTLAND VS UNGARN

So, 23.06.2024 – 21:00 Uhr
Gruppe A, Stuttgart

SPIELTAG 3
23.06.

WO UND MIT WEM HAST DU DIR DAS SPIEL / DIE SPIELE ANGESCHAUT?

WELCHES GEFÜHL HATTEST DU, ALS DAS SPIEL BEGANN, UND WIE HAT SICH DAS BIS ZUM ENDE VERÄNDERT?

REKORD DES TAGES

Die Schweiz brauchte 8 Spiele für ihren ersten Sieg bei einer EM.

23.06.

RÄTSEL DES TAGES
SCHIESS DAS TOR!

GRUPPENPHASE
SPIELTAG 3
MONTAG 24.06.2024

KROATIEN VS ITALIEN

:

Mo, 24.06.2024 – 21:00 Uhr
Gruppe B, Red Bull Arena Leipzig

ALBANIEN VS SPANIEN

:

Mo, 24.06.2024 – 21:00 Uhr
Gruppe B, Merkur Spiel-Arena Düsseldorf

SPIELTAG 2
24.06.

WO UND MIT WEM HAST DU DIR DAS SPIEL / DIE SPIELE ANGESCHAUT?

WELCHES TEAM HAT DEINE ERWARTUNGEN ÜBERTROFFEN UND WELCHES ENTTÄUSCHT?

REKORD DES TAGES

Spanien hatte die meisten Spiele ohne Gegentor in Folge (7 Spiele zwischen 2012 und 2016).

24.06.

RÄTSEL DES TAGES

ZU WELCHEN LÄNDERN GEHÖREN DIE FLAGGEN?

GRUPPENPHASE
SPIELTAG 3
DIENSTAG 25.06.2024

NIEDERLANDE VS ÖSTERREICH

__ : __

Di, 25.06.2024 – 18:00 Uhr
Gruppe D, Berlin

FRANKREICH VS SIEGER PLAY OFF A

__ : __

Di, 25.06.2024 – 18:00 Uhr
Gruppe D, Dortmund

ENGLAND VS SLOWENIEN

__ : __

Di, 25.06.2024 – 21:00 Uhr
Gruppe C, Köln

DÄNEMARK VS SERBIEN

__ : __

Di, 25.06.2024 – 21:00 Uhr
Gruppe C, München

SPIELTAG 3
25.06.

WELCHES SPIEL / WELCHE SPIELE HAST DU DIR ANGESCHAUT?

WELCHES TEAM HATTE DIE BESSERE STRATEGIE, UND WAS WÜRDEST DU ALS TRAINER ANDERS MACHEN?

REKORD DES TAGES

Deutschland hat mit insgesamt 27 gewonnenen EM-Spielen die meisten Siege bei Europameisterschaften erzielt.

25.06.

RÄTSEL DES TAGES

WELCHER SPIELER SCHIESST DAS TOR?

GRUPPENPHASE
SPIELTAG 3
MITTWOCH 26.06.2024

SLOWAKEI VS **RUMÄNIEN**

Mi, 26.06.2024 – 18:00 Uhr
Gruppe E, Frankfurt

SIEGER PLAY OFF B VS **BELGIEN**

Mi, 26.06.2024 – 18:00 Uhr
Gruppe E, Stuttgart

TSCHECHIEN VS **TÜRKEI**

Mi, 26.06.2024 – 21:00 Uhr
Gruppe F, Hamburg

SIEGER PLAY OFF 7 VS **PORTUGAL**

Mi, 26.06.2024 – 21:00 Uhr
Gruppe F, Gelsenkirchen

SPIELTAG 2
26.06.

WO UND MIT WEM HAST DU DIR DAS SPIEL / DIE SPIELE ANGESCHAUT?

WER WAR DEINER MEINUNG NACH DER KREATIVSTE SPIELER AUF DEM FELD?

REKORD DES TAGES

Bei der EM 2021 gab es 11 Eigentore, mehr als in allen Turnieren zuvor zusammen.

26.06.

RÄTSEL DES TAGES

QUIZ

QUIZ TIME!!!

In welchem Jahr fand die EM erstmals in mehreren Ländern statt?

- 2012
- 2016
- 2008
- 2021

Welches Land war der erste Gastgeber der EM?

- Deutschland
- Spanien
- Frankreich
- England

Welches Land hat sich bisher immer für die EM qualifiziert?

- Deutschland
- Frankreich
- Spanien
- England

Wie oft hat Deutschland bisher an EM Endspielen teilgenommen?

- 3 Mal
- 5 Mal
- 6 Mal
- 8 Mal

ENDSTAND GRUPPENPHASE

Gruppe A		
Platz	Tore	Punkte
1.		
2.		
3.		
4.		

Gruppe B		
Platz	Tore	Punkte
1.		
2.		
3.		
4.		

Gruppe C		
Platz	Tore	Punkte
1.		
2.		
3.		
4.		

ENDSTAND GRUPPENPHASE

Gruppe D		
Platz	Tore	Punkte
1.		
2.		
3.		
4.		

Gruppe E		
Platz	Tore	Punkte
1.		
2.		
3.		
4.		

Gruppe F		
Platz	Tore	Punkte
1.		
2.		
3.		
4.		

ACHTELFINALE

SAMSTAG 29.06.2024

Zweiter Gr. A **VS** Zweiter Gr. B

:

Sa, 29.06.2024 – 18:00 Uhr
Berlin

Sieger Gr. A **VS** Zweiter Gr. C

:

Sa, 29.06.2024 – 21:00 Uhr
Dortmund

ACHTELFINALE 29.06.

WO UND MIT WEM HAST DU DIR DAS SPIEL / DIE SPIELE ANGESCHAUT?

WELCHE DRIBBLINGS ODER EINZELAKTIONEN WAREN BESONDERS EFFEKTIV?

REKORD DES TAGES

Jogi Löw war der erste Trainer, der bei einer EM einen Platzverweis erhielt.

29.06.

RÄTSEL DES TAGES

FINDE DIE FUSSBALLBEGRIFFE

G	G	V	Z	Q	O	N	Z	G	D	L	Q	H	J	N	V	S	S	L
G	S	J	G	E	L	B	E	K	A	R	T	E	U	Q	P	L	R	C
C	S	G	R	I	J	N	K	I	B	M	O	M	M	L	Z	Q	S	W
U	F	V	P	U	N	U	P	H	D	Q	D	U	Q	O	B	Z	X	H
D	P	W	I	M	J	Z	V	C	Z	M	D	P	W	O	A	M	D	D
Y	T	T	G	Q	I	B	L	J	P	I	S	P	I	E	L	Z	U	G
V	X	A	X	Y	O	I	Z	U	J	C	W	Z	U	O	L	E	T	M
H	X	K	Y	F	F	J	D	E	A	K	O	U	O	A	K	F	O	I
V	V	T	B	O	J	K	C	P	E	I	M	Y	V	L	O	Q	R	T
H	Q	I	A	U	S	W	E	C	H	S	E	L	B	A	N	K	P	T
H	Y	K	R	L	I	T	S	A	I	F	V	A	T	N	T	V	F	E
T	U	T	O	B	A	F	Q	J	N	J	S	G	O	V	R	H	O	L
K	O	N	T	E	R	A	N	G	R	I	F	F	R	O	O	D	S	K
E	C	K	E	S	L	R	C	E	W	T	T	K	L	W	L	I	T	R
D	S	R	K	F	L	I	P	A	S	S	S	P	I	E	L	D	E	E
M	C	K	A	B	S	E	I	T	E	N	L	I	N	I	E	O	N	I
B	Q	Y	R	A	Z	Q	T	I	D	Q	X	W	I	Q	Q	Q	G	S
X	O	B	T	W	B	H	W	C	G	Q	O	U	E	W	J	Y	C	O
I	W	N	E	T	Z	Q	C	V	I	G	L	P	H	Q	P	H	D	X

Ballkontrolle
Konterangriff
Foul
Torlinie
Torpfosten

Taktik
Passspiel
Gelbe Karte
Seitenlinie
Netz

Spielzug
Ecke
Rote Karte
Mittelkreis
Auswechselbank

ACHTELFINALE

SONNTAG 30.06.2024

Sieger Gr. C **VS** Dritter D/E/F

:

So, 30.06.2024 – 18:00 Uhr
Gelsenkirchen

Sieger Gr. B **VS** Dritter A/D/E/F

:

So, 30.06.2024 – 21:00 Uhr
Köln

ACHTELFINALE 30.06.

WO UND MIT WEM HAST DU DIR DAS SPIEL / DIE SPIELE ANGESCHAUT?

GAB ES LUSTIGE ODER UNERWARTETE EREIGNISSE WÄHREND DES SPIELS?

REKORD DES TAGES

Lothar Matthäus hält die längste Zeitspanne zwischen seinem ersten und letzten EM-Einsatz: 20 Jahre und 6 Tage.

30.06.

RÄTSEL DES TAGES
SCHIESS DAS TOR!

ACHTELFINALE

MONTAG 01.07.2024

Zweiter Gr. D	VS	Zweiter Gr. E
	:	

Mo, 01.07.2024 – 18:00 Uhr
Düsseldorf

Sieger Gr. F	VS	Dritter A/B/C
	:	

Mo, 01.07.2024 – 21:00 Uhr
Frankfurt

ACHTELFINALE
01.07.

WO UND MIT WEM HAST DU DIR DAS SPIEL / DIE SPIELE ANGESCHAUT?

WELCHE ROLLE SPIELTEN STANDARDSITUATIONEN (ECKEN, FREISTÖSSE) IM HEUTIGEN SPIEL?

REKORD DES TAGES

Luke Shaw, England, erzielte 2021 nach nur 1:56 Minuten das schnellste Tor in einem EM-Finale.

01.07.
RÄTSEL DES TAGES
ZU WELCHEN LÄNDERN GEHÖREN DIE FLAGGEN?

ACHTELFINALE

DIENSTAG 02.07.2024

Sieger Gr. E **VS** Dritter A/B/C/D

:

Di, 02.07.2024 – 18:00 Uhr
München

Sieger Gr. D **VS** Zweiter Gr. F

:

Di, 02.07.2024 – 21:00 Uhr
Leipzig

ACHTELFINALE
02.07.

WO UND MIT WEM HAST DU DIR DAS SPIEL / DIE SPIELE ANGESCHAUT?

WIE HABEN DIE TEAMS AUF DIE EINWECHSLUNGEN REAGIERT? GAB ES EINE SPÜRBARE VERÄNDERUNG IM SPIEL?

REKORD DES TAGES

Italien hat bisher in 22 EM Spielen kein Gegentor kassiert.

02.07.

RÄTSEL DES TAGES

WELCHER SPIELER SCHIESST DAS TOR?

VIERTELFINALE

FREITAG 05.07.2024

Sieger AF 3 VS Sieger AF 1

:

Fr, 05.07.2024 – 18:00 Uhr
Stuttgart

Sieger AF 5 VS Sieger AF 6

:

Fr, 05.07.2024 – 21:00 Uhr
Hamburg

VIERTELFINALE
05.07.

WO UND MIT WEM HAST DU DIR DAS SPIEL / DIE SPIELE ANGESCHAUT?

WER WAR DEINER MEINUNG NACH DER KREATIVSTE SPIELER AUF DEM FELD?

REKORD DES TAGES

Dänemark hat mit 17 Spielen die meisten Niederlagen bei der EM.

05.07.

RÄTSEL DES TAGES
QUIZ

QUIZ TIME!!!

Wie viele Spiele ohne Gegentor absolvierte Italien bei EMs?

- 18
- 22
- 28
- 30

Welches Land hat die meisten EM-Teilnahmen?

- Deutschland
- Spanien
- Frankreich
- England

Wer ist der jüngste Spieler, der jemals bei einer EM teilgenommen hat?

- Bellingham
- Ronaldo
- Kozlowski
- Götze

Wie viele Remis erzielte Italien bis 2021 bei EMs?

- 12
- 22
- 18
- 26

VIERTELFINALE

SAMSTAG 06.07.2024

Sieger AF 4 **VS** Sieger AF 2

:

Sa, 06.07.2024 – 18:00 Uhr
Düsseldorf

Sieger AF 7 **VS** Sieger AF 8

:

Sa, 06.07.2024 – 21:00 Uhr
Berlin

VIERTELFINALE
06.07.

WO UND MIT WEM HAST DU DIR DAS SPIEL / DIE SPIELE ANGESCHAUT?

WELCHE FORMATION HAT DAS SIEGREICHE TEAM VERWENDET UND WIE HAT DAS ZUM ERFOLG BEIGETRAGEN?

REKORD DES TAGES

England konnte am häufigsten das Auftaktspiel nicht gewinnen (5 Remis, 4 Niederlagen).

06.07.

RÄTSEL DES TAGES
KREUZWORTRÄTSEL

Across
3. Spieler der die Abwehr bildet
5. Letztes und entscheidendes Spiel eines Turniers
6. Pause zwischen den beiden Spielhaelften
8. Nationallied das vor dem Spiel gespielt wird
10. Anhaenger und Unterstuetzer eines Teams

Down
1. Spieler mit Hauptaufgabe Tore zu schießen
2. Offizieller der das Spiel leitet
4. Betreut und trainiert das Team
7. Preis fuer den Turniersieger
9. Strategischer Plan eines Teams

HALBFINALE

DIENSTAG 09.07.2024

Sieger VF 1	VS	Sieger VF 2

__ : __

Di, 09.07.2024 – 21:00 Uhr
München

HALBFINALE 09.07.

WO UND MIT WEM HAST DU DIR DAS SPIEL ANGESCHAUT?

WELCHE TAKTISCHEN ÄNDERUNGEN DURCH DIE TRAINER HAST DU BEMERKT?

REKORD DES TAGES

Renato Sanches wurde mit 18 Jahren, 11 Monaten jüngster Europameister.

09.07.

RÄTSEL DES TAGES
WAS SCHÄTZT DU?

Wie oft wird ein Spieler durchschnittlich pro Spiel gefoult?

Wie viele Kopfbälle absolviert ein Spieler im Durchschnitt pro Spiel?

Wie viele Ballkontakte hat ein Mittelfeldspieler durchschnittlich pro Spiel?

Wie viele Kilometer läuft ein Mittelfeldspieler durchschnittlich pro Spiel?

HALBFINALE

MITTWOCH 10.07.2024

Sieger VF 3 **VS** Sieger VF 4

:

Mi, 10.07.2024 – 21:00 Uhr
Dortmund

HALBFINALE
10.07.

WO UND MIT WEM HAST DU DIR DAS SPIEL ANGESCHAUT?

GAB ES BESONDERE PHYSISCHE LEISTUNGEN, WIE SPRINTS ODER SPRUNGKRAFT, DIE DIR AUFGEFALLEN SIND?

REKORD DES TAGES

Jogi Löw war der erste Trainer, der bei einer EM einen Platzverweis erhielt.

10.07.

RÄTSEL DES TAGES

FINDE DIE FUSSBALLBEGRIFFE

E	R	W	A	C	H	T	E	L	F	I	N	A	L	E	A	Z	F	Q	Z	Y	L	M	M
U	O	Y	X	X	U	S	P	P	W	E	U	J	Q	V	O	J	X	P	Q	P	A	H	A
R	O	O	R	N	U	K	O	S	X	E	Y	C	R	I	A	U	T	B	D	P	J	X	M
O	W	D	K	E	K	P	T	M	Z	X	E	N	N	E	X	Z	L	L	C	D	F	V	Y
P	H	T	U	P	U	H	F	B	N	R	W	C	I	R	B	B	R	Q	L	N	W	U	H
A	F	T	P	X	G	F	U	W	V	Q	H	U	U	T	M	T	F	M	Q	J	N	S	U
M	J	T	Z	F	F	L	T	M	I	I	M	D	U	E	V	N	H	C	C	T	K	S	C
E	P	N	H	B	M	W	J	U	I	S	M	T	J	L	Q	G	M	Z	C	L	U	Q	S
I	U	H	M	M	A	M	Y	L	P	H	A	L	B	F	I	N	A	L	E	C	G	W	L
S	X	Q	G	S	S	C	L	Q	U	A	L	I	F	I	K	A	T	I	O	N	M	W	M
T	K	D	K	P	K	I	Q	A	M	T	V	C	Z	N	Y	M	V	A	N	A	O	G	L
E	O	P	E	D	O	G	L	O	I	S	P	I	T	A	G	Z	O	E	S	Y	O	I	W
R	C	B	X	T	T	R	T	F	Z	T	A	N	D	L	W	W	S	G	X	J	A	F	N
S	L	H	T	L	T	A	H	E	Z	A	J	Z	G	E	E	X	T	C	F	J	K	O	H
C	S	P	N	Q	C	H	Y	D	Y	D	N	Q	R	T	Z	Z	Y	P	A	Y	X	X	U
H	J	Z	M	Q	H	P	M	X	U	I	Y	D	O	C	T	A	F	I	N	A	L	E	E
A	F	M	X	Z	E	P	N	L	P	O	K	A	L	O	K	T	I	N	S	D	G	R	E
F	L	K	Q	P	N	X	E	E	I	N	L	A	U	F	K	I	N	D	E	R	I	K	E
T	Y	G	V	K	Y	X	T	D	S	C	G	D	F	A	D	C	X	Z	D	I	T	E	L
M	M	D	E	B	S	O	G	R	U	P	P	E	N	P	H	A	S	E	G	U	P	S	A
O	L	C	G	A	S	T	G	E	B	E	R	W	T	B	C	D	B	W	I	L	T	L	F
N	I	E	N	D	R	U	N	D	E	J	W	Z	Y	Z	T	P	Q	C	S	I	P	D	N
C	I	T	E	J	N	U	S	U	U	L	I	Q	L	A	O	P	C	T	Q	P	T	Y	P
V	X	W	Y	O	G	T	K	Y	Z	U	D	F	Z	W	V	R	P	C	L	Z	Y	B	A

Europameisterschaft	Endrunde	Gruppenphase
Qualifikation	Achtelfinale	Viertelfinale
Halbfinale	Finale	Gastgeber
Pokal	Fans	Stadion
Einlaufkinder	Maskottchen	Hymne

FINALE

SONNTAG 14.07.2024

Sieger HF 1	VS	Sieger HF 2

__ __ : __ __

So, 14.07.2024 – 21:00 Uhr
Berlin

FINALE 14.07.

WO UND MIT WEM HAST DU DIR DAS SPIEL ANGESCHAUT?

WELCHES GEFÜHL HATTEST DU, ALS DAS SPIEL BEGANN, UND WIE HAT SICH DAS BIS ZUM ENDE VERÄNDERT?

REKORD DES TAGES

Mit 36 Jahren und 331 Tagen war Giorgio Chiellini der älteste Kapitän eines Europameisters.

EUROPAMEISTER

LÖSUNGEN

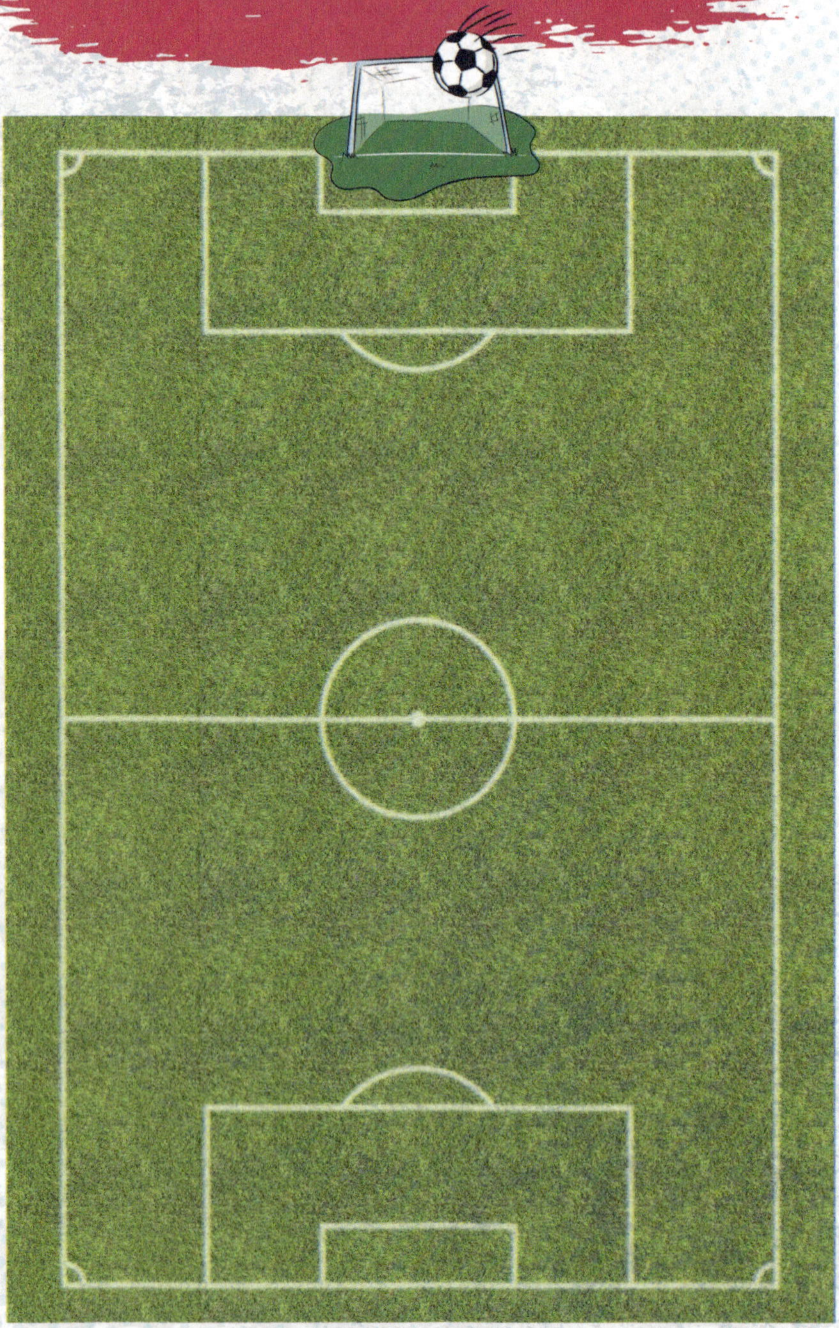

14.06
RÄTSEL DES TAGES LÖSUNG

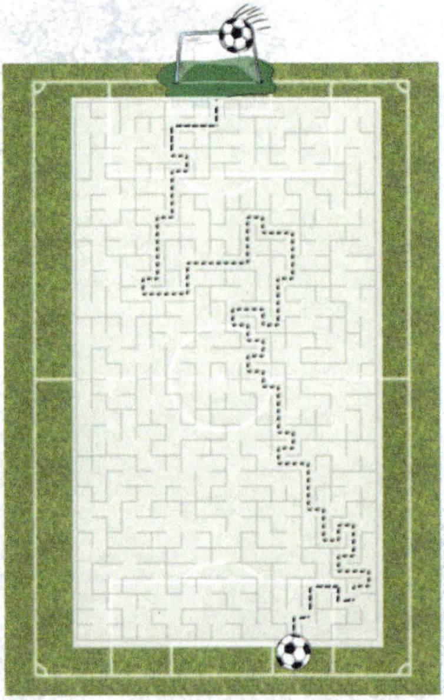

15.06.
RÄTSEL DES TAGES LÖSUNG

16.06.
RÄTSEL DES TAGES LÖSUNG

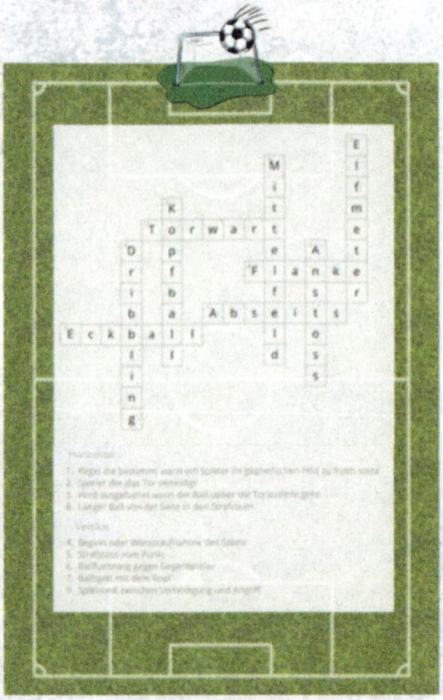

17.06.
RÄTSEL DES TAGES LÖSUNG

18.06.
RÄTSEL DES TAGES LÖSUNG

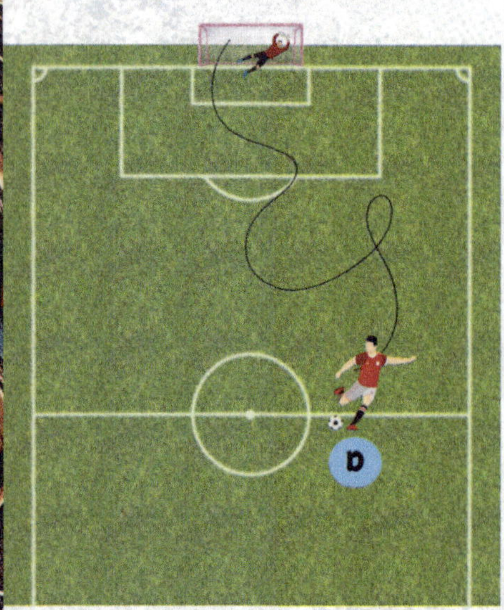

19.06.
RÄTSEL DES TAGES LÖSUNG

Wie viele Länder haben seit Beginn der Fußball-Europameisterschaft mindestens einmal teilgenommen? (55)

Wie viele Zuschauer fasst das größte Stadion, das jemals ein EM-Spiel ausgerichtet hat? (81.000, Wembley-Stadion)

Wie viele Tore wurden insgesamt bei der Europameisterschaft 2016 erzielt? (108)

Wie viele Bälle wurden bei der EM 2016 offiziell eingesetzt? (800)

20.06.
RÄTSEL DES TAGES LÖSUNG

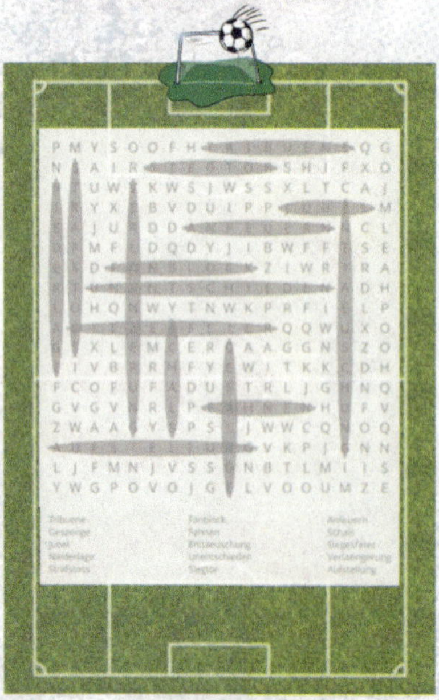

21.06.
RÄTSEL DES TAGES LÖSUNG

22.06.
RÄTSEL DES TAGES
LÖSUNG

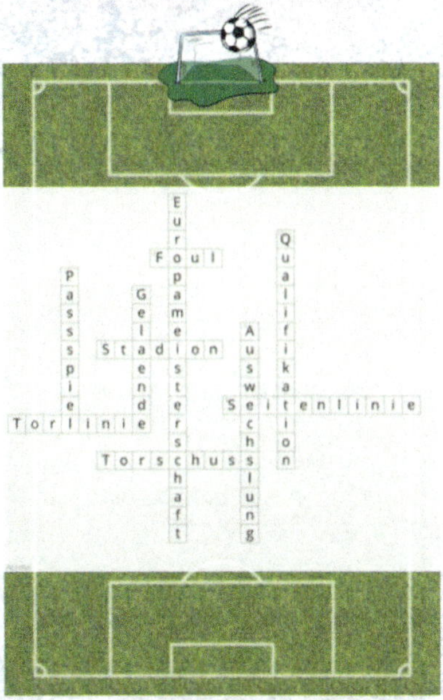

23.06.
RÄTSEL DES TAGES
LÖSUNG

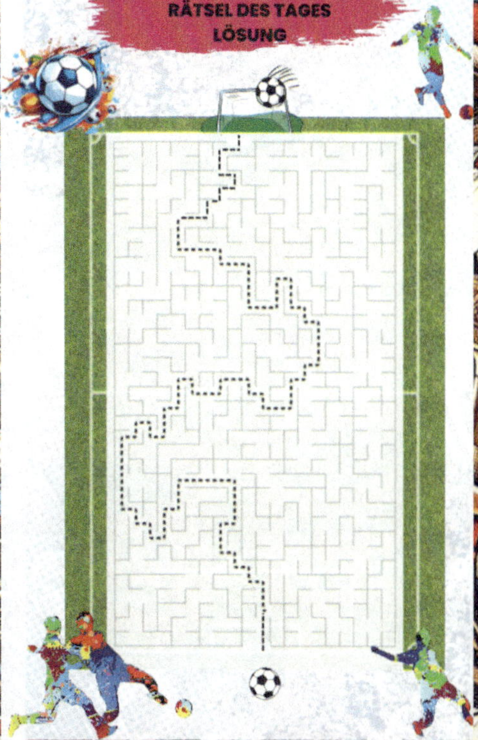

24.06.
RÄTSEL DES TAGES
LÖSUNG

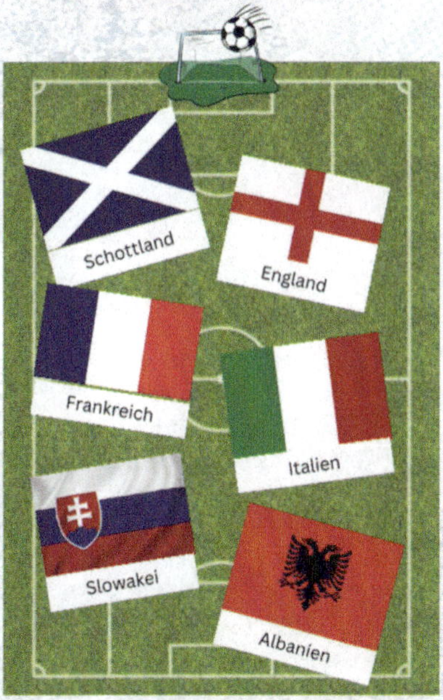

25.06.
RÄTSEL DES TAGES
WELCHER SPIELER SCHIESST DAS TOR?

26.06.

RÄTSEL DES TAGES

LÖSUNG

29.06.

RÄTSEL DES TAGES

LÖSUNG

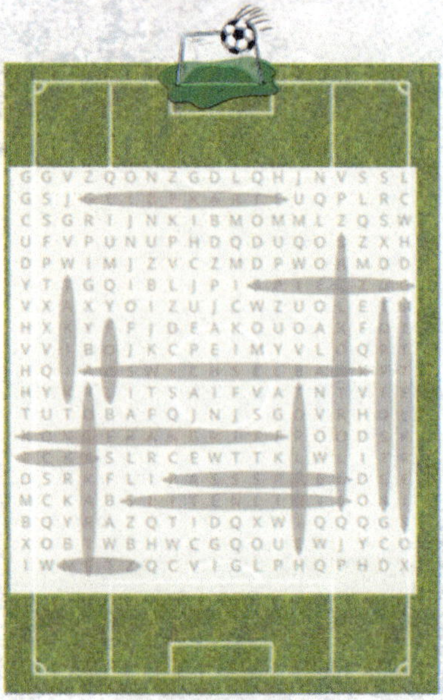

30.06.

RÄTSEL DES TAGES

LÖSUNG

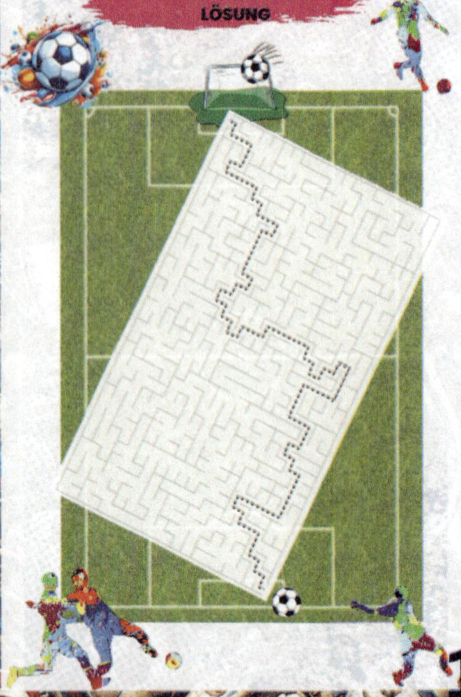

01.07.

RÄTSEL DES TAGES

LÖSUNG

02.07.
RÄTSEL DES TAGES
LÖSUNG

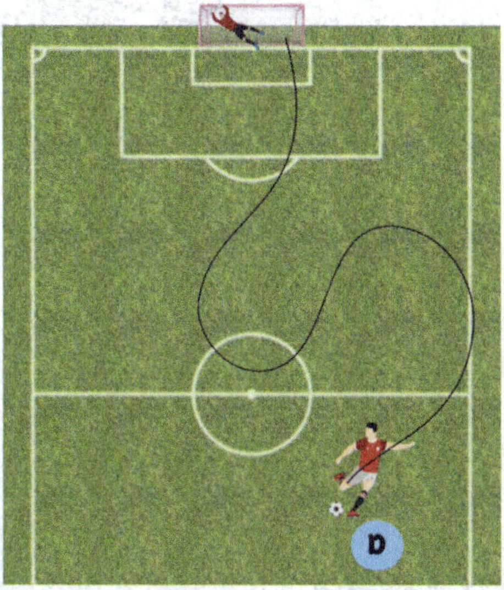

05.07.
RÄTSEL DES TAGES
LÖSUNG

06.07.
RÄTSEL DES TAGES
LÖSUNG

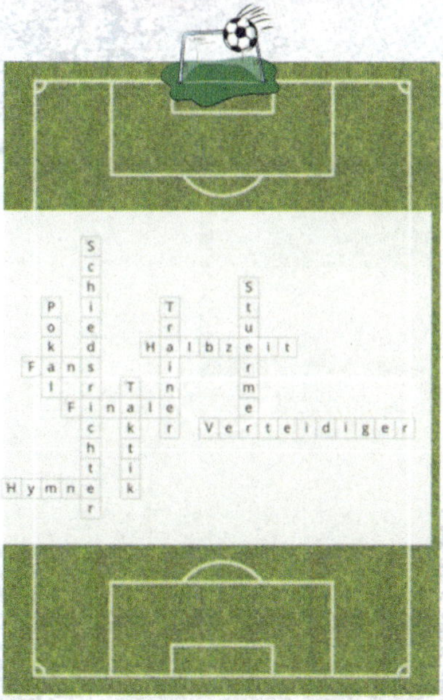

09.07.
RÄTSEL DES TAGES
LÖSUNG

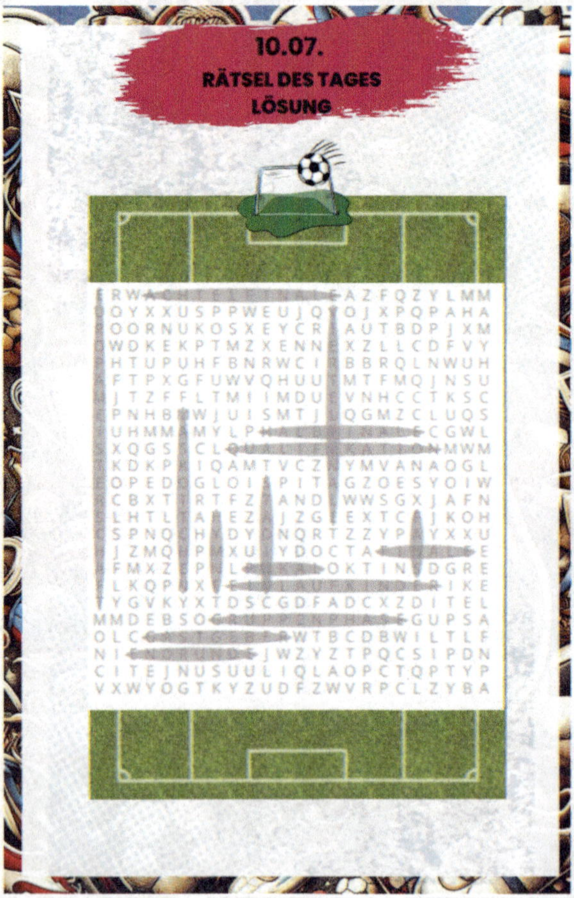
10.07.
RÄTSEL DES TAGES
LÖSUNG

Impressum:

LogikLichter Publishing wird vertreten von
Anton Wasilew
Erich-Zeigner-Allee 60a
04229 Leipzig
logiklichtergmail.com

Printed by Amazon Italia Logistica S.r.l.
Torrazza Piemonte (TO), Italy

57569337R00070